《诗经》情诗选译

爱情诗选系列 01

河歌

《诗经》情诗选译

目录

前言

  《诗经》是中国最早的一部诗歌总集，共收有 305 篇，为中国古代诗歌的开端，其作者无法考证，均为佚名。作品收集了西周初年到春秋中叶的诗歌。

  本集从中选出 44 篇反映爱情的诗歌，加以注释和白话翻译，推荐给古典诗歌爱好者欣赏和收藏。

  这些作品虽写于距今大约 2600 多年到 3100 多年之间，但翻开诗歌的每一页，爱情的魔力仿佛能穿越时空让如今的我们感动、唏嘘不已，正如它们曾感动和陶冶过无数的一代代先人那样。

  久远的先人的爱情观是那样的质朴和真诚，又不乏炽热的向往、执着和勇敢。他们的文字表达十分简约而又优美无比，给我们留下了许多脍炙人口的千古绝唱。那是因为它们是真情的流露，来源于生活点点滴滴的体验和感受，绝非做作的文字和感情的游戏。

  据传《诗经》为尹吉甫采集、孔子编订。多谢贤哲们为我们传承了如此璀灿如星星的无价珍宝！

  每每读来，我们对爱情的感受，除了欣赏和赞叹之外，何尝不受其熏陶而更为深切、沉淀和升华？

河歌

于加拿大渥太华

2022 年 8 月 15 日

关雎

作者：佚名 【先秦】

关关雎鸠，在河之洲。窈窕淑女，君子好逑。
参差荇菜，左右流之。窈窕淑女，寤寐求之。
求之不得，寤寐思服。悠哉悠哉，辗转反侧。
参差荇菜，左右采之。窈窕淑女，琴瑟友之。
参差荇菜，左右芼之。窈窕淑女，钟鼓乐之。

【概要】表达对女子的深切爱慕，渴望把她追到手，永结伴侣。

【来源】选自先秦《诗经》中《国风·周南》中的一篇。

【注释】

先秦：指秦朝建立之前的历史时代（旧石器时期到公元前 221 年）

关关：象声词，雌雄二鸟相互应和的叫声

雎鸠（jū jiū）：一种鱼鹰类的水鸟，传说此鸟雌雄终生相守

洲：水中的陆地

窈窕（yǎo tiǎo）：身材体态美好的样子

淑女：贤德的女子。淑，善

君子：对男子的美称

好逑（hǎo qiú）：好的配偶。逑，"仇"的假借字，匹配

参差：长短不齐的样子

荇（xìng)菜：一种可食的水草

流之：随着水流而摇摆的样子

寤寐（wù mèi）：指日夜。寤，睡醒；寐，睡着

思服：思念。服，想

求：追求

悠：长久

哉，语气助词。悠哉悠哉，犹言"想念呀，想念呀"

辗转反侧：躺在床上翻来覆去睡不着

芼（mào）：采摘

钟鼓乐之：用钟奏乐来使她快乐。乐，使动用法，使……快乐

【译文】

声声和鸣的雎鸠，相栖河中的洲头。贤淑美丽的女子，是君子的好配偶。

参差不齐的荇菜，随那流水左右摆。贤良美好的女子，日日夜夜把她追。

美好愿望难实现，日日夜夜把她想。绵绵不断的思念，翻来覆去难入睡。

参差不齐的荇菜，船的左右把它采。贤良美好的女子，弹琴鼓瑟亲近她。

参差不齐的荇菜，船的左右把它摘。贤良美好的女子，敲起钟鼓取悦她。

汉广

作者：佚名 【先秦】

南有乔木，不可休思；汉有游女，不可求思。
汉之广矣，不可泳思；江之永矣，不可方思。
翘翘错薪，言刈其楚；之子于归，言秣其马。
汉之广矣，不可泳思；江之永矣，不可方思。
翘翘错薪，言刈其蒌；之子于归，言秣其驹。
汉之广矣，不可泳思；江之永矣，不可方思。

【概要】一首樵夫咏唱的恋歌。热恋汉水对岸的女子，无奈无法接近她。

【来源】选自先秦《诗经》中《国风·周南》中的一篇。

【注释】

乔木：指树身高大的树木

休：休息

思：这里是语尾助词

汉：汉水，源出陕西省，东入湖北，由汉口入长江

游女：出游的女子

求：追求，接近

广：宽

江：长江

永：长

方：原指渡筏，此处指乘筏渡水

翘翘：高大的样子

错薪：错落丛生的杂草。薪，柴木

言：助词，没有实意

刈（yì）：割

楚：植物名，俗称荆条。可为马饲料

之子：这个人，指游女

于归：古代女子出嫁

秣（mò）：用谷草喂马

蒌（lóu）：蒌蒿，生在水泽之中，叶子可喂马

驹：幼小健壮的马

【译文】

南边高大的树木，无法在其下歇息；汉水那边的游女，不能追为我伴侣。

汉江宽广而浩瀚，无法只身游过去；长江滔滔而不绝，不能乘筏渡过去。

柴草茂盛而杂乱，砍柴就要砍荆条；姑娘如愿嫁给我，快将辕马喂个饱。

汉江宽广而浩瀚，无法只身游过去；长江滔滔而不绝，不能乘筏渡过去。

柴草茂盛而杂乱，打柴还得割蒌蒿。姑娘如愿嫁给我，快将马驹喂养好。

汉江宽广而浩瀚，不可只身游过去；长江滔滔而不绝，不能乘筏渡过去。

汝坟

作者：佚名 【先秦】

遵彼汝坟，伐其条枚；未见君子，惄如调饥。
遵彼汝坟，伐其条肄；既见君子，不我遐弃。
鲂鱼赪尾，王室如燬；虽则如燬，父母孔迩。

【概要】 汝水一带女子口吻的民歌。妻子如饥似渴地想念远役的丈夫。

【来源】 选自先秦《诗经》中《国风·周南》中的一篇。

【注释】

遵彼：顺着，沿着

汝：汝水，源出河南省，由东南入淮河

坟：汶，指河堤、水边

伐：砍伐

条：树枝。或说为"槄"，一树名，又名山楸

枚：树干

君子：此处为妻子对丈夫的称呼

怒（nì）：忧愁

调（zhōu）：即朝，早晨

调饥：朝食未进，早上挨饿，以喻男女欢情未得满足

肄（yì）：指再生的小树枝

遐（xiá）：远

不我遐（xiá）弃："不遐弃我"的倒装。遐弃，远离抛弃

鲂（fáng）鱼：鳊（biān）鱼，细鳞

赪（jiāo）：红色

赪（chēng）：红色

燬（huǐ）：火，烈火

孔：很、甚

迩（ěr）：近

【译文】

沿着汝水堤岸走，采伐小树枝；未见夫君，忧思如清晨忍饥。

沿着汝水堤岸走，采伐新抽的枝条；见到夫君，请莫再离我远弃。

鳊鱼尾巴已赤红，王室事务急如火。虽急如烈火，父母在近旁。

草虫

作者：佚名 【先秦】

喓喓草虫，趯趯阜螽。未见君子，忧心忡忡。亦既见止，亦既觏止，我心则降。

陟彼南山，言采其蕨。未见君子，忧心惙惙。亦既见止，亦既觏止，我心则说。

陟彼南山，言采其薇。未见君子，我心伤悲。亦既见止，亦既觏止，我心则夷。

【概要】 女子思念情男的诗歌。

【来源】 选自先秦《诗经》中《国风·召南》中的一篇。

【注释】

喓（yāo yāo）：虫鸣声

草虫：俗称蝈蝈、纺织娘

趯（tì）：跳跃

阜螽（fù zhōng）：蚱蜢

忡忡（chōng chōng）：心神不宁

止：同"之"，他

觏（gòu）：遇见。一说通"媾"，情人相会

降：和乐

陟（zhì）：登高

言：乃

蕨（jué）：草本植物。春季采蕨时节也正是日暖花开、男女求爱之时

惙惙（chuò chuò）：忧郁的样子

说（yuè）：悦，欢喜

薇：巢菜，通称野豌豆

夷：平和，指安心

【译文】

蝈蝈鸣叫，蚱蜢跳跃。未见君子，我的忧思绵绵不绝。如果见到君，如果与君相会，我心自会平和。

登那南山，采摘蕨菜。未见君子，我的忧思难以排解。如果见到君，如果与君相会，我心自会喜乐。

登那南山，采摘巢菜。未见君子，我的心哀伤而愁悲。如果见到君，如果与君相会，我心自会安怡。

摽有梅

作者：佚名 【先秦】

摽有梅，其实七兮。求我庶士，迨其吉兮。
摽有梅，其实三兮。求我庶士，迨其今兮。
摽有梅，顷筐墍之。求我庶士，迨其谓之。

【概要】 一位待嫁女子咏唱的情歌。采梅女子盼望追求她的心上人不要辜负青春，快快来求婚。

【来源】 选自先秦《诗经》中《国风·召南》中的一篇。

【注释】

摽（biào）：落下，打落

有：语气助词

其实七兮：梅树的果子只剩下七成了

庶：众多

士：未婚男子

迨（dài）：及时

其：此

今：现在

吉：指大好时光

顷筐：斜口浅筐，如现在的簸箕

塈（jì）：取

谓：告诉，约定；一说通"会"，聚会；一说归，嫁

【译文】

梅子熟了往下落，留树上的有七成。追求我的年青人，快趁着良辰吉日。

梅子熟了往下落，留树上的有三成。追求我的年青人，快趁着此时此刻。

梅子熟了往下落，收拾要用簸箕装。追求我的年青人，快快开口莫迟疑。

野有死麕

作者：佚名 【先秦】

野有死麕，白茅包之。有女怀春，吉士诱之。
林有朴樕，野有死麕。白茅纯束，有女如玉。
舒而脱脱兮！无感我帨兮！无使尨也吠！

【概要】 描写男女幽会的兴奋和紧张。男赞女如美玉，女嗔男太急躁。

【来源】 选自先秦《诗经》中《国风·召南》中的一篇。

【注释】

麕（jūn）：獐

白茅：花穗上密生白色柔毛，古代常用以包裹祭品及分封诸侯

怀春：思春，春心萌动

吉士：男子美称

诱：挑逗

朴樕（pò sù）：丛木，小树

纯（tún）束：缠束，包裹。纯，通"屯"，积聚，一说为"稇"的假借

脱脱（duì duì）：舒缓貌

感（hàn）：通"撼"，摇动

帨（shuì）：佩巾，古代女子出嫁时母亲所授，用以擦拭不洁

龙（máng）：多毛的狗

吠（fèi）：狗叫

【译文】

打死小鹿在荒野，绒绒白茅把它包。遇到女子春心动，男子逗她情意起。
林中遍布小树丛，一头小鹿死荒野。白茅捆扎献给她，有位少女颜如玉。
"轻手轻脚莫急躁，不要动我腰佩巾，别惹狗儿汪汪叫！"

绿衣

作者：佚名 【先秦】

绿兮衣兮，绿衣黄里。心之忧矣，曷维其已？
绿兮衣兮，绿衣黄裳。心之忧矣，曷维其亡？
绿兮丝兮，女所治兮。我思古人，俾无訧兮。
絺兮绤兮，凄其以风。我思古人，实获我心。

【概要】 男子的悼亡之作。写丈夫对故妻的怀念。

【来源】 选自先秦《诗经》中《国风·邶风》中的一篇。

【注释】

衣：上曰衣，下曰裳

里：外曰衣，内曰里

曷（hé）：何

维：句首语气词，无实义

已：止

亡：通"忘"，一说停止

女（rǔ）：通"汝"，你

治：此指制作

古人：指亡故之人

俾（bǐ）：使

訧(yóu)：过失，罪过

絺（chī）：细葛布

绤（xì）：粗葛布

凄：寒冷

获：得

【译文】

绿色的上衣啊，绿色的面子、黄的里子。我心忧伤，何时能止？

绿色的上衣啊，绿的上衣、黄的下裳。我心忧伤，何时能忘？

绿色的丝线啊，是你亲手缝制。我思亡故之人，使我平时少过失。

细葛布粗葛布啊，为我抵御寒冬的风。我思亡故之人，她实深得我的心。

匏有苦叶

作者：佚名 【先秦】

匏有苦叶，济有深涉。深则厉，浅则揭。
有瀰济盈，有鷕雉鸣。济盈不濡轨，雉鸣求其牡。
雍雍鸣雁，旭日始旦。士如归妻，迨冰未泮。
招招舟子，人涉卬否。人涉卬否，卬须我友。

【概要】女子等待情人，不愿意离开渡口。

【来源】选自先秦《诗经》中《国风·邶风》中的一篇。

【注释】

匏（páo）：一年生草本植物，果实比葫芦大，对半剖开可做水瓢。古人涉水带着它增加浮力

苦：味苦，一说同"枯"，指匏瓜叶枯成熟

济（jǐ）：济水，发源于今河南，经山东汇入渤海

涉：渡口，一说渡水

厉：带。一说解衣涉水，一说拴葫芦在腰泅渡

揭（qì）：提起，此指提衣涉水

瀰：弥漫，大水茫茫貌

盈：满

鷕（yǎo）：雌雉叫声

濡（rú）：沾湿

轨：车辙

牡（mǔ）：雄性鸟兽，此指雄雉

雍雍：形容鸣声和谐

旦：天亮，破晓

归妻：娶妻

迨（dài）：等到

泮（pàn）：冰雪融解

招招：招呼之貌，一说摇橹曲伸之貌

舟子：船夫

卬（áng）：第一人称代词，我

须：等待

友：此指伴侣、爱侣

【译文】

葫芦有叶叶子苦，济水深深有渡口。水深处要连衣过，水浅处要提衣过。
济水河满白茫茫，岸丛雌雉叫得欢。济水虽满不湿辙，雌雉鸣叫求雄雉。
大雁鸣叫声和谐，朝阳初升天破晓。男子如要把妻娶，要趁冰雪未融时。
摆渡船夫打招呼，别人渡河我不渡。别人渡河我不渡，要在渡口等相好。

静女

作者：佚名 【先秦】

静女其姝，俟我于城隅。爱而不见，搔首踟蹰。
静女其娈，贻我彤管。彤管有炜，说怿女美。
自牧归荑，洵美且异。非女之为美，美人之贻。

【概要】此诗写青年男女幽会的过程。男女约会，女方躲藏，男方急得发慌。女方送草，男方当宝。

【来源】选自先秦《诗经》中《国风·邶风》中的一篇。

【注释】

静女：贞静娴雅之女

姝（shū）：美好

俟（sì）：等待

城隅：城角，多指城角偏僻空旷处

爱："薆"的假借字，隐蔽，躲藏

踟蹰（chí chú）：徘徊不定

娈（luán）：美好

贻（yí）：赠送

彤管：杆身漆朱的笔，古代女史用以记事。一说与下文"荑"同义

炜（wěi）：光泽，光彩

说怿（yuè yì）：喜悦。说，同"悦"。怿，喜悦

女（rǔ）：同"汝"，你，后同

牧：野外

归荑（kuì tí）：赠送茅草的嫩芽。归，通"馈"，赠送。荑，茅草的嫩芽

洵（xún）：诚然，确实

匪（fēi）：同"非"

【译文】

姑娘娴静又美好，与我相约在城角。有意躲藏不露面，让人搔头又徘徊。

姑娘娴静又娇艳，赠我一支红笔管。红色笔管有光泽，爱你姑娘好容颜。

郊野采荑送给我，荑草美好又珍异。不是荑草长得美，因是美人赠我物。

桑中

作者：佚名 【先秦】

爰采唐矣？沬之乡矣。云谁之思？美孟姜矣。期我乎桑中，要我乎上宫，送我乎淇上矣。

爰采麦矣？沬之北矣。云谁之思？美孟弋矣。期我乎桑中，要我乎上宫，送我乎淇上矣。

爰采葑矣？沬之东矣。云谁之思？美孟庸矣。期我乎桑中，要我乎上宫，送我乎淇上矣。

【概要】描写男女约会的情诗，为男子所唱。

【来源】选自先秦《诗经》中《国风·鄘风》中的一篇。

【注释】

爰（yuán）：于何，在哪里

唐：菟丝子，一年生寄生蔓草，秋初开小花。一说同"棠"，梨的一种

沬：春秋时卫国邑名，在今河南淇县

乡：郊野

云：说

谁之思：思谁

孟姜：春秋时齐为姜姓，故齐君长女称孟姜。孟，泛指长子或长女。姜，与后文"弋""庸"皆贵族姓

期：约会，约定

桑中：桑树林中，一说卫国沫邑地名

要（yāo）：同"邀"，邀请，邀约

上宫：楼阁，一说卫国沫邑地名

淇：淇水，源出今河南淇山，流入卫河

葑（fēng）：又名蔓菁、芜菁，前已详注

【译文】

何方采菟丝？沫邑乡野中。心中在想谁？姜家美大姐。约我桑树林，邀我至楼阁，送我淇水畔。

何方采麦穗？沫邑的北面。心中在想谁？弋家美大姐。约我桑树林，邀我至楼阁，送我淇水畔。

何方采蔓菁？沫邑的东面。心中在想谁？庸家美大姐。约我桑树林，邀我至楼阁，送我淇水畔。

芄兰

作者：佚名 【先秦】

芄兰之支，童子佩觽。虽则佩觽，能不我知。容兮遂兮，垂
带悸兮。
芄兰之叶，童子佩韘。虽则佩韘，能不我甲。容兮遂兮，垂
带悸兮。

【概要】 一首恋歌。埋怨少年懵懂。

【来源】 选自先秦《诗经》中《国风·卫风》中的一篇。

【注释】

芄（wán）兰：又名萝摩，多年生草质藤本，叶长而尖，可入药

支："枝"地假借字，枝条

觽（xī）：象骨制成的解绳结的角锥，亦用作成人饰物

能：岂，难道，一说才能。

我知：即"知我"，一说如我所知

容兮遂兮：形容仪容安详、行止舒缓的样子。容，容仪。遂，成就

悸（jì）：衣带下垂貌

韘（shè）：古代射箭时戴在拇指上的象牙扳指

甲："狎"地假借字，亲昵，亲近

【译文】

芄兰长枝条，童子已佩觿。虽然身佩觿，不解我的意。看他正经相，衣带
垂晃晃。

芄兰长枝叶，童子已佩决。虽然身佩决，不与我亲近。看他正经相，衣带
垂晃晃。

有狐

作者：佚名 【先秦】

有狐绥绥，在彼淇梁。心之忧矣，之子无裳。
有狐绥绥，在彼淇厉。心之忧矣，之子无带。
有狐绥绥，在彼淇侧。心之忧矣，之子无服。

【概要】 女子看见狐狸独行求偶，牵挂她在外服役的丈夫或心仪之人的缺衣少食。

【来源】 选自先秦《诗经》中《国风·卫风》中的一篇。

【注释】

狐：狐狸。一说狐喻男性

绥绥(suí)：舒缓行走貌，一说独行求匹貌

淇梁：淇水上的桥梁。梁，河梁，河中垒石而成，可过人，也可拦鱼

之子：这个人。裳：上曰衣，下曰裳

厉：水深及腰、可以涉过之处。一说河岸、水边。一说流水的沙滩

带：束衣的腰带

侧：岸边

【译文】

有只狐在独行求偶，在那淇水的桥上。心感忧愁，只怕那人没有衣裳。

有只狐在独行求偶，在那淇水的滩头。心感忧伤，只怕那人没有衣带。

有只狐在独行求偶，在那淇水的岸边。心里忧郁，只怕那人没有衣服。

木瓜

作者：佚名 【先秦】

投我以木瓜，报之以琼琚。匪报也，永以为好也！
投我以木桃，报之以琼瑶。匪报也，永以为好也！
投我以木李，报之以琼玖。匪报也，永以为好也！

【概要】 男女相互酬赠。

【来源】 选自先秦《诗经》中《国风·卫风》中的一篇。

【注释】

木瓜：落叶灌木或小乔木，果实长椭圆形，色黄而香，味酸涩

琼琚（jū）：精美的玉佩

匪（fēi）：假借为"非"，后同

木桃：即楂子，毛叶木瓜的果实，比木瓜小，味酸涩，可入药

琼瑶：美玉

木李：即榠楂，又名木梨，果实似木瓜，味酸涩，可入药

琼玖（jiǔ）：琼、玖皆美玉名，泛指美玉

【译文】

你将木瓜投赠我，我拿琼琚作回报。并非以此为酬谢，只愿你我永交好。
你将木桃投赠我，我拿琼瑶作回报。并非以此为酬谢，只愿你我永交好。
你将木李投赠我，我拿琼玖作回报。并非以此为酬谢，只愿你我永交好。

君子阳阳

作者：佚名 【先秦】

君子阳阳，左执簧，右招我由房，其乐只且！
君子陶陶，左执翿，右招我由敖，其乐只且！

【概要】描写夫妻快乐地歌舞。

【来源】选自先秦《诗经》中《国风·王风》中的一篇。

【注释】

君子：指舞师。一说妻称夫

阳阳：自得貌。阳，通"扬"

簧：本指管乐器中振动发声的薄片，此处指代笙、竽一类的管乐器

由房：一种在室内为国君演奏的音乐。一说同"游放"，指纵情游玩

只且（zhījū）：语气词，表感叹

陶陶：和乐貌

翿（dào）：古代乐舞或葬礼所用的道具，似盖，用五彩雉羽装饰

由敖：舞曲名。一说由通"游"，指遨游、游乐

【译文】

君子神情洋溢，左手拿笙簧，右手招我演奏由房音乐。真是其乐无穷啊！

君子仪态和乐，左手拿羽翿，右手招我演绎由敖舞曲。真是其乐无穷啊！

采葛

作者：佚名 【先秦】

彼采葛兮，一日不见，如三月兮。
彼采萧兮，一日不见，如三秋兮。
彼采艾兮，一日不见，如三岁兮。

【概要】 思念恋人的诗。叙述别后相思。

【来源】 选自先秦《诗经》中《国风·王风》中的一篇。

【注释】
彼：那个
采：采集

葛（gé）：多年生草本植物，花紫红色，茎可做绳，纤维可织葛布

萧：即荻蒿，牛尾蒿，多年生半灌木状草本，茎紫褐色，可入药

三秋：谓九个月，一秋为三个月

艾：艾草，多年生半灌木状草本，植株有浓烈香气

岁：年

【译文】

那个采摘葛草的人啊，一天看不到她，好像隔了三月啊！

那个采摘蒿草的人啊，一天看不到她，好像隔了九月啊！
那个采摘艾草的人啊，一天看不到她，好像隔了三年啊！

大车

作者：佚名 【先秦】

大车槛槛，毳衣如菼。岂不尔思？畏子不敢。
大车啍啍，毳衣如璊。岂不尔思？畏子不奔。
縠则异室，死则同穴。谓予不信，有如皎日。

【概要】 女子表达想与心上人私奔。

【来源】 选自先秦《诗经》中《国风·王风》中的一篇。

【注释】

大车：古代用牛拉货的车

槛槛（音 kǎn 砍）：车轮的响声

毳（音 cuì 脆）衣：毡子。本指兽类细毛，可织成布匹，制衣

菼（tǎn）：初生的荻。荻，多年生草本植物，生在水边，叶似芦苇

啍（tūn）啍：迟重缓慢貌

璊（mén）：一种红色玉石

奔：私奔

榖（音 gǔ 古）：生，活着

谓：认为，以为

皦（jiǎo）日：明亮的太阳。皦，同"皎"，光亮洁白

【译文】

大车辚辚行，毡衣色青绿。怎会不想你？怕你不敢应。

大车缓缓行，毡衣色红艳。怎么不想你？怕你不敢奔。

生不在一室，死要埋一坟。如果不信我，我誓如明日。

遵大路

作者：佚名 【先秦】

遵大路兮，掺执子之祛兮，无我恶兮，不寁故也！
遵大路兮，掺执子之手兮，无我魗兮，不寁好也！

【概要】 男子离家出走，女子拽着男子衣袖挽留。

【来源】 选自先秦《诗经》中《国风·郑风》中的一篇。

【注释】

遵：顺着，沿着

掺（shǎn）：执持，揽持

执：拉住，抓住

祛（qū）：袖口

恶（wù）：憎恶，厌恶

寁（zǎn）：快速，此指立即贯彻、实行。一说立即断绝、抛弃

故：先君之道。一说故旧之情，一说故人

无我魗（chǒu）：不要以我为丑。魗，同"丑"

好（hào）：善道，一说交好

【译文】

沿着大路跟你走啊，拉着你的衣袖。莫要嫌弃我，不念旧情呀！

沿着大路跟你走啊，抓紧你的双手。莫要嫌我丑，抛却交好呀！

有女同车

作者：佚名 【先秦】

有女同车，颜如舜华。将翱将翔，佩玉琼琚。彼美孟姜，洵美且都。
有女同行，颜如舜英。将翱将翔，佩玉将将。彼美孟姜，德音不忘。

【概要】 一首贵族男女的恋歌。描写与美女同车出游的快乐。

【来源】 选自先秦《诗经》中《国风·郑风》中的一篇。

【注释】

同车：同乘一车，形容男女结为夫妇，相爱情深

舜华（huā）：木槿化。华，同"花"

将翱（áo）将翔：鸟飞貌，形容女子步履轻盈

琼琚（jū）：精美的玉佩

孟姜：齐君之长女，亦泛指世族妇女或美貌女子

洵：确实

都：闲雅

行（háng）

都（dū）：闲雅美好

英：花。

将将（qiāng qiāng）：同"锵锵"，此指玉石撞击之声

德音：美好的品德声誉

【译文】

有位女子与我同车，她的容颜如木槿花绽放。四处漫步好像翱翔，身佩着玉石晶莹闪亮。那美丽的姜氏大姐，确实美丽又婉约。

有位女子与我同行，她的容颜如木槿花轻盈。四处漫步好像翱翔，身佩着玉石叮当作响。那美丽的姜氏大姐，难以忘怀好美誉。

山有扶苏

作者：佚名 【先秦】

山有扶苏，隰有荷华。不见子都，乃见狂且。
山有乔松，隰有游龙。不见子充，乃见狡童。

【概要】男女约会时女子对男子的戏谑、俏骂的诗歌。

【来源】选自先秦《诗经》中《国风·郑风》中的一篇。

【注释】

扶苏：一种小型树木，一说为桑树

隰（xí）：低湿之地

荷华：即荷花，"华"同"花"

子都：公孙子都，春秋时期郑国人，相貌英俊。此处用作美男子的代称

狂且（jū）：举止轻狂之人。且，语气助词，无实义，一说拙、钝义

桥松：高大的松树。桥，通"乔"，高大

游龙：植物名，又名荭草、红蓼等，可作观赏植物或入药

子充：郑国人，相貌俊美，此处亦为美男子代称

狡童：姣美的少年，"狡"通"姣"

【译文】

山上有桑树，池中有荷花。没见子都美男子啊，偏遇你这个轻狂人。

山上有青松，池里有苀草。没见子充好男子啊，偏遇你这个狡少年。

萚兮

作者：佚名 【先秦】

萚兮萚兮，风其吹女。叔兮伯兮，倡予和女。
萚兮萚兮，风其漂女。叔兮伯兮，倡予要女。

【概要】一首男女唱和的诗。描写男女唱和的快乐。

【来源】选自先秦《诗经》中《国风·郑风》中的一篇。

【注释】

萚（tuò）：草木脱落的皮、叶

女（rǔ）：同"汝"，后同

叔兮伯兮：古时以伯（孟）、仲、叔、季作为兄弟长幼的排序。叔常指年较少者，伯常指年较长者，合用相当于"弟兄"之意

倡：同"唱"，发起唱咏

予：我

和（hè）：唱和，应和

漂：同"飘"，飘动

要（yāo）：完成，指歌收腔

【译文】

落叶啊落叶，风儿吹动着你。哥啊弟啊，你们唱来我应和。

落叶啊落叶，风儿飘动着你。哥啊弟啊，你们唱来我收腔。

狡童

作者：佚名 【先秦】

彼狡童兮，不与我言兮。维子之故，使我不能餐兮。
彼狡童兮，不与我食兮。维子之故，使我不能息兮。

【概要】女子为情而苦恼。

【来源】选自先秦《诗经》中《国风·郑风》中的一篇。

【注释】

狡，同"姣"。一说为狡猾，如口语说"滑头"之类，是戏谑之语

狡童：姣美的少年

彼：那

维：因为

餐：用餐，吃饭

食：一起吃饭

息：止息，休息。一说安睡

不能息：不能安稳入睡

【译文】

那姣美的少年啊，不和我说话呀。因为他的缘故，使我吃不下啊。

那姣美的少年啊，不和我同吃呀。因为他的缘故，使我睡不安啊。

褰裳

作者：佚名 【先秦】

子惠思我，褰裳涉溱。子不我思，岂无他人？狂童之狂也且！
子惠思我，褰裳涉洧。子不我思，岂无他士？狂童之狂也且！

【概要】 这是一位女子戏谑情人的情诗。女子恨情郎不快来。

【来源】 选自先秦《诗经》中《国风·郑风》中的一篇。

【注释】

惠：宠爱，恩爱

褰（qiān）：提起，揭起

溱（zhēn）：郑国水名，源出河南密县东北

我思：倒装结构，即"思我"

狂童：谑称，犹言"傻小子"。狂：痴

也且（jū）：语气助词，表感叹

洧（wěi）：郑国水名，源出河南登封阳城山，东南流与溱水合

士：未娶者之称

【译文】

你若钟爱思念我，就提衣襟度溱水来。你若不再想念我，岂无他人来？轻狂的傻少年啊！

你若钟爱思念我，就提衣襟度洧水来。你若不再想念我，岂无他男来？轻狂的傻少年啊！

【译文】

你若钟爱思念我，就提衣襟度溱水来。你若不再想念我，岂无他人来？轻狂的傻少年啊！

你若钟爱思念我，就提衣襟度洧水来。你若不再想念我，岂无他男来？轻狂的傻少年啊！

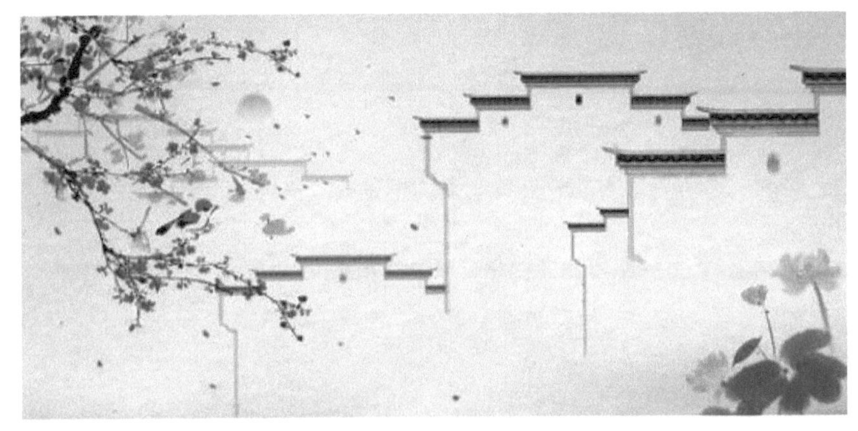

丰

作者：佚名 【先秦】

子之丰兮，俟我乎巷兮，悔予不送兮。
子之昌兮，俟我乎堂兮，悔予不将兮。
衣锦褧衣，裳锦褧裳。叔兮伯兮，驾予与行。
裳锦褧裳，衣锦褧衣。叔兮伯兮，驾予与归。

【概要】 后悔没有答应和情郎一起走。

【来源】 选自先秦《诗经》中《国风·郑风》中的一篇。

【注释】

丰：容貌丰满美好

俟（sì）：等候

巷：里中道，即胡同

予：我，此处当是指"我家"

送：从行，从嫁

昌：硕大，健壮

将：随行，从嫁

衣（yì）：穿上衣

锦：锦衣，翟衣

褧（jiǒng）衣：枲麻类植物纤维制成的单罩衣，古代女子出嫁途中所穿，以蔽风尘

裳（cháng）：第一个裳作动词穿，第二个指裙

叔兮伯兮：叔、伯，此指迎亲之人

驾：驾车

归：归去，一说出嫁

【译文】

你容貌真丰润啊，在巷里等我去结亲啊。后悔没跟从啊！

你体格多健壮啊，在堂上等我去成婚啊。后悔没相随啊！

上穿锦衣披麻衫，下着锦缎罩麻裳。叔呀伯呀，驾车接我把路赶。

下着锦缎罩麻裳，上穿锦衣披麻衫。叔呀伯呀，驾车接我去出嫁。

东门之墠

作者：佚名 【先秦】

东门之墠，茹藘在阪。其室则迩，其人甚远。
东门之栗，有践家室。岂不尔思？子不我即。

【概要】 这是一首男女对歌言情的诗篇。思念近在咫尺的情人。

【来源】 选自先秦《诗经》中《国风·郑风》中的一篇。

【注释】

东门：东城门

墠（shàn）：经过整治的郊野平地

茹藘（rú lú）：即茜草，其根可作绛红色染料

阪（bǎn）：山坡

迩（ěr）：近

栗：栗树，一种落叶乔木，果实称栗子，味甜可食，木材可供建筑

有践：排列整齐貌。有，语气助词，无实义

即：接近，靠近

【译文】

东门有平地，茜草长山坡。他屋近咫尺，他人像很远。
东门有栗树，屋舍排齐齐。怎会不思你，你却不亲近。

风雨

作者：佚名 【先秦】

风雨凄凄，鸡鸣喈喈。既见君子，云胡不夷！
风雨潇潇，鸡鸣胶胶。既见君子，云胡不瘳！
风雨如晦，鸡鸣不已。既见君子，云胡不喜！

【概要】 写一位女子与久别的丈夫（或情人）重逢的诗。

【来源】 选自先秦《诗经》中《国风·郑风》中的一篇。

【注释】

凄凄：寒冷

喈喈（jiējiē）：象声词，禽鸟鸣声

云胡：为什么。云，句首语气词，无实义。胡，何

潇潇：风雨交织

夷：通"怡"，喜悦。一说平和

胶胶：象声词，此指鸡鸣声

瘳（chōu）：病愈，此指心病解除

晦：昏暗

【译文】

风雨冷凄凄，鸡鸣声声起。既已见君子，怎能不怡悦！

风雨惨潇潇，鸡鸣声声绕。既已见君子，怎能不病消！

风雨昏暗夜，鸡鸣声不歇。既已见君子，怎能不欢喜！

子衿

作者：佚名 【先秦】

青青子衿，悠悠我心。纵我不往，子宁不嗣音？
青青子佩，悠悠我思。纵我不往，子宁不来？
挑兮达兮，在城阙兮。一日不见，如三月兮。

【概要】女子思念情人。相约在城楼见面，但久等不至，望眼欲穿，埋怨心上人不来赴约。

【来源】选自先秦《诗经》中《国风·郑风》中的一篇。

【注释】

青：黑色。古代青指黑颜色

子：男子的美称，这里即指"你"

衿（jīn）：即襟，衣领

悠悠：忧思不断的样子

纵：纵然，即使

宁（nìng）：岂，难道

嗣音：保持音信。嗣，接续，连续

佩：系在衣带上的饰物

挑（tāo）兮达（tà）兮：挑达，往来相见貌。一说独自来去貌

城阙：城门两边的观楼

【译文】

你的衣领青青色，我心悠悠意不绝。纵我不曾去见你，难道你就无音信？

你的配饰青青色，我思悠悠恋不绝。纵我不曾去见你，难道你就不来会？

独自来去多徘徊，城门望楼留叹息。一日与你不相见，如同已有三月期！

出其东门

作者：佚名 【先秦】

出其东门，有女如云。虽则如云，匪我思存。缟衣綦巾，聊
乐我员。
出其闉阇，有女如荼。虽则如荼，匪我思且。缟衣茹藘，聊
可与娱。

【概要】 一位男子表示对爱恋专一不二的小诗。暗恋一个东门外出游的女子。

【来源】 选自先秦《诗经》中《国风·郑风》中的一篇。

【注释】

匪（fēi）：假借为"非"

思存：思念，念念不忘。存，铭记在心，一说慰藉

缟（gǎo）衣：一种白绢衣裳

綦（qí）巾：一种青白色衣服，古代未嫁女子所穿。一说为青黑色佩巾，一说为浅绿色围裙

聊：姑且，暂且，一说愿

乐：悦，高兴

员（yún）：同"云"，语气助词，无实义

闉阇（yīn dū）：古代城门外瓮城的重门

荼：茅草、芦苇之类的小白花，常形容数量众多或场面盛大

且（jū）：语气助词，无实义。一说慰籍

茹藘（rú lú）：本指茜草，此指茜草所染之绛红色

娱：快乐

【译文】

漫步城东门，美女多若云。虽然多若云，非我所思人。白衣青裳女，令我悦在心。

漫步城门外，美女多若茅。虽然多若茅，非我所恋人。白衣红佩女，令我欢在心。

野有蔓草

作者：佚名 【先秦】

野有蔓草，零露溥兮。有美一人，清扬婉兮。邂逅相遇，适我愿兮。
野有蔓草，零露瀼瀼。有美一人，婉如清扬。邂逅相遇，与子偕臧。

【概要】 青年男女邂逅乍见的喜悦。

【来源】 选自先秦《诗经》中《国风·郑风》中的一篇。

【注释】

蔓（màn）草：蔓延生长的草。蔓，蔓延。蔓，一说音"wàn"，指茂盛

零：降落

溥（tuán）：形容露水多

清扬：眉目清秀，也泛指人美好的仪容风采

婉：妩媚的样子

邂逅：偶然遇见

适：切合，符合

瀼瀼（ráng ráng）：形容露水浓重

如：而

偕：一同

臧（zāng）：善，美好

【译文】

郊野蔓草如茵，缀满漫漫露珠。有位美丽姑娘，眉目流盼婉约。有缘与她相遇，令我一见倾心。

郊野蔓草如茵，露珠颗颗晶莹。有位漂亮姑娘，眉目婉美流盼。今日有缘喜遇，与她携手同心。

著

作者：佚名 【先秦】

侯我于著乎而，充耳以素乎而，尚之以琼华乎而。
侯我于庭乎而，充耳以青乎而，尚之以琼莹乎而。
侯我于堂乎而，充耳以黄乎而，尚之以琼英乎而。

【概要】 这是写男女新婚时新郎迎亲的诗。女子张望前来迎娶的新郎。

【来源】 选自先秦《诗经》中《国风·齐风》中的一篇。

【注释】

著：通"宁（zhù）"，古时富贵之家正门内有屏风，正门与屏风之间的空间称为"宁"，古代婚娶即在此处亲迎

俟：迎候

乎而：句末语气助词，表感叹

充耳：饰物，悬在冠之两侧

尚：加上，补充

琼华：一种美石

琼莹：似玉的美石，用作佩饰

琼英：似玉的美石

【译文】

迎我就在屏风前哟，冠冕垂线白丝制哟，添上琼华美玉为坠饰哟。

迎我就在庭院里哟，冠冕垂线青丝制哟，添上琼莹美玉为坠饰哟。

迎我就在厅堂上哟，冠冕垂线黄丝制哟。添上琼英美玉为坠饰哟。

东方之日

作者：佚名 【先秦】

东方之日兮，彼姝者子，在我室兮。在我室兮，履我即兮。
东方之月兮，彼姝者子，在我闼兮。在我闼兮，履我发兮。

【概要】 这是一首婚礼之歌，以新郎的口吻诉说。

【来源】 选自先秦《诗经》中《国风·齐风》中的一篇。

【注释】

日：比喻女子颜色盛美

姝（shū）：美丽，美好

子：女子

履（lǐ）：通"礼"，以礼而行。一说通"蹑"，放轻脚步

即：靠近，接近，此指相从

闼（tà）：门内

发（fā）：出发，上路。一说足迹

【译文】

东方旭日升啊，那位美丽的姑娘，就在我室内啊。就在我室内啊，悄悄伴我情意浓啊。

东方月儿亮啊！那位美丽的姑娘，就在我门内啊。就在我门内啊，悄悄随我情意长啊。

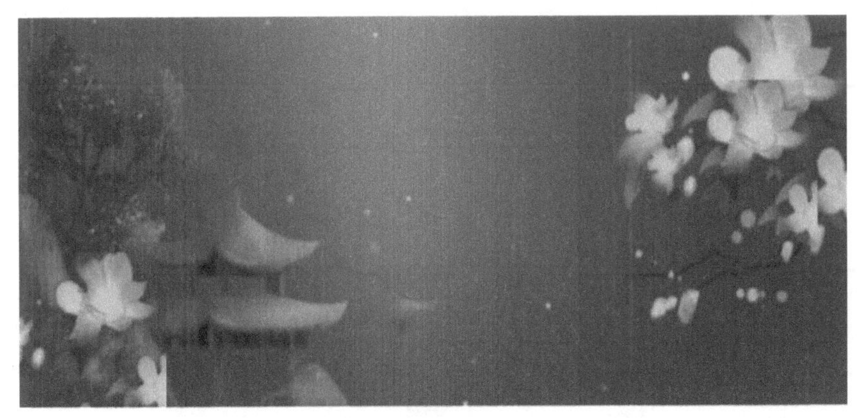

绸缪

作者：佚名 【先秦】

绸缪束薪，三星在天。今夕何夕，见此良人。子兮子兮，如此良人何？
绸缪束刍，三星在隅。今夕何夕，见此邂逅。子兮子兮，如此邂逅何？
绸缪束楚，三星在户。今夕何夕，见此粲者。子兮子兮，如此粲者何？

【概要】沉沉良夜，有情侣相伴的喜悦、温馨和甜蜜。

【来源】选自先秦《诗经》中《国风·唐风》中的一篇。

【注释】

绸缪（chóu móu）：紧密缠缚貌

束薪：喻夫妇同心，情意缠绵，后成为婚姻礼

三星：此指参宿三星

良人：美人，一说女子对丈夫的称呼

子兮（xī）：你呀

束刍（chú）：成捆的草
三星：此指心宿三星
隅：角落，此指东南角
邂逅：欢悦貌
楚：荆条
三星：此指河鼓三星
户：门扇
粲：漂亮的人，指新娘

【译文】

柴薪紧紧捆成束，参宿三星挂天上。今夜究竟是何夜？能够见到这美人。
你这人啊你这人，要将美人怎么样？
干草紧紧捆成束，心宿三星挂东南。今夜究竟是何夜？能够享有此欢悦。
你这人啊你这人，欢悦之时怎么办？
荆条紧紧捆成束，河鼓三星照在门。今夜究竟是何夜？能够见到这丽人。
你这人啊你这人，要将丽人怎么疼？

园有桃

作者：佚名 【先秦】

园有桃，其实之殽。心之忧矣，我歌且谣。不我知者，谓我士也骄。彼人是哉，子曰何其！心之忧矣，其谁知之？其谁知之，盖亦勿思。

园有棘，其实之食。心之忧矣，聊以行国。不我知者，谓我士也罔极。彼人是哉，子曰何其？心之忧矣，其谁知之？其谁知之，盖亦勿思。

【概要】歌者叹息知己难求。

【来源】选自先秦《诗经》中《国风·魏风》中的一篇。

【注释】

实：果实，后同

殽：古同"肴"，吃

之：犹"是"

其实之殽：即"肴其实"

歌且谣：伴乐而唱为歌，徒唱为谣

是：然，这样

何其：怎么办，一说为什么。其，语气助词，无实义

盖（hé 何）：通盍，何不。亦：作语助

棘：棘树，即俗称的酸枣树

聊：姑且，暂且

行（xíng）国：周游于国中，一说离开城邑。到处流浪

罔极：不正，没有准则。极，准则，极则

【译文】

园中有桃树，果实鲜可尝。心中忧愁苦，我把歌谣唱。不解我人者，说我好骄狂。那人这样看，你说能如何？心中忧愁苦，有谁能知晓？有谁能知晓，何必苦思索。

园中有枣树，果实甜可食。心中忧愁苦，姑且去周游。不解我人者，说我不正经。那人这样看，你说能如何？心中忧愁苦，有谁能知晓？有谁能知晓，何必苦思索。

蒹葭

作者：佚名 【先秦】

蒹葭苍苍，白露为霜。所谓伊人，在水一方。溯洄从之，道阻且长。溯游从之，宛在水中央。
蒹葭凄凄，白露未晞。所谓伊人，在水之湄。溯洄从之，道阻且跻。溯游从之，宛在水中坻。
蒹葭采采，白露未已，所谓伊人，在水之涘。溯洄从之，道阻且右。溯游从之，宛在水中沚。

【概要】 思念在水一方的美人。写追求所爱而不及的惆怅与苦闷。

【来源】 选自先秦《诗经》中《国风·秦风》中的一篇

【注释】

蒹葭（jiān jiā）：蒹，没有长穗的芦苇。葭，初生的芦苇

苍苍：茂盛众多貌

所谓：所说的，此指所怀念的

溯洄（huí）：逆流而上。洄，逆流，一说弯曲的水道

从：追寻

阻：崎岖险阻

溯游：顺流而下。游，顺流，一说直流的水道

宛：宛然，好像

萋萋（qīqī）：草木茂盛貌

晞（xī）：干燥

湄（méi）：河岸，水与草交接的地方

跻（jī）：登，升，此指难以攀登

坻（chí）：水中的小洲或高地

采采：茂盛众多貌

涘（sì）：水边

右：出于右侧，此处形容道路迂回曲折

沚（zhǐ）：水中的小洲

【译文】

初生芦苇密苍苍，秋深露水结成霜。　意中之人在何处，就在河水那一方。
逆着流水去找她，道路险阻且又长。　顺着流水去找她，仿佛在那水中央。

初生芦苇多茂盛，清晨露水未曾干。　意中之人在何处，就在河水那岸边。
逆着流水去找她，道路险阻攀登难。　顺着流水去找她，仿佛就在水中滩。

初生芦苇密稠稠，早晨露水未全收。　意中之人在何处，就在水边那一头。
逆着流水去找她，道路险阻又曲折。　顺着流水去找她，仿佛就在水中洲。

晨风

作者：佚名 【先秦】

鴥彼晨风，郁彼北林。未见君子，忧心钦钦。如何如何？忘我实多。

山有苞栎，隰有六驳。未见君子，忧心靡乐。如何如何？忘我实多。

山有苞棣，隰有树檖。未见君子，忧心如醉。如何如何？忘我实多。

【概要】女子思念情人，深恐情人已经忘记她。

【来源】选自先秦《诗经》中《国风·秦风》中的一篇。

【注释】

鴥（yù）：鸟疾飞貌

晨风：鹯鸟，一种鹞鹰

郁：葱郁茂盛貌

钦钦：忧思难忘貌

忘我实多：指多半是忘记了我

苞栎（lì）：苞，草木茂密丛生貌，后同。栎，栎树，落叶乔木

靡：非、不

隰（xí）：低洼湿地

六：形容多，非实指

駮（bó）：树木名，即梓榆，树皮青白斑驳

棣（dì）：又作棠棣、常棣，蔷薇科落叶小乔木，栽培供观赏

树檖（suì）：檖树，一名赤罗，一名山梨，果实比梨小

醉：当指醉后的神志恍惚或者烧心的痛苦

【译文】

鸟儿疾飞行，飞入北密林。未见意中人，我心忧忡忡。咋好呵咋好？你把我忘光。

山上栎树茂，洼地梓榆多。未见意中人，我心难快乐。咋好呵咋好？你把我忘光。

山上棣棠密，洼地山梨挺。未见意中人，我心神恍惚。咋好呵咋好？你把我忘光。

宛丘

作者：佚名 【先秦】

子之汤兮，宛丘之上兮。洵有情兮，而无望兮。
坎其击鼓，宛丘之下。无冬无夏，值其鹭羽。
坎其击缶，宛丘之道。无冬无夏，值其鹭翿。

【概要】 表达对舞姿优美的巫女的爱慕。

【来源】 选自先秦《诗经》中《国风·陈风》中的一篇。

【注释】

汤（dàng）："荡"之借字。游荡，放荡

子：你，这里指女巫

宛丘：春秋时陈国国都，地势四周高而中央低，在今河南淮阳

洵：确实，实在是

有情：尽情欢娱

无望：没有声望。一说不可观望，一说不能望祀

坎：击鼓声

值：执持

鹭羽：以白鹭羽毛制成的舞具

缶（fǒu）：一种圆腹小口的瓦器，可用以盛酒、敲击等

鹭翿（dào）：以白鹭羽制成的舞具，形似雉扇或伞

【译文】

你的舞姿热情奔放，在宛丘山坡上。我诚然倾心，却不敢存有奢望。

你的击鼓咚咚作响，在宛丘山坡下。无论冬与夏，手持白鹭羽舞具。

你的击缶坎坎激荡，在宛丘山道间。无论冬与夏，手持白鹭羽伞盖。

东门之枌

作者：佚名 【先秦】

东门之枌，宛丘之栩。子仲之子，婆娑其下。
穀旦于差，南方之原。不绩其麻，市也婆娑。
穀旦于逝，越以鬷迈。视尔如荍，贻我握椒。

【概要】 男女赶集，互相赞美、酬赠。

【来源】 选自先秦《诗经》中《国风·陈风》中的一篇。

【注释】

枌（fén）：树名，又称白榆

栩（xǔ）：树名，又称柞木

子仲：陈国大夫姓氏

婆娑：亦作"槃娑"，舞蹈貌

穀（gǔ）：良辰，好日子

穀旦：良晨，晴朗美好之日

差（chāi）：选择

原：原野，一说大夫姓氏

绩：把麻搓捻成线或绳

市：集市，街市

逝：去，往

越以：犹"于以"，因此，是以。一说语气助词，无实义

翪（zōng）迈：会合而行。翪，聚集，汇合。迈，行走，迈步

荍（qiáo）：锦葵，多年生直立草本，夏季开紫色或白色花

贻：赠送

握：一把

握椒：一把花椒，后指男女间相赠的爱情信物

【译文】

东门有白榆，宛丘有柞木。子仲家女儿，树下翩翩舞。

良辰择吉日，往南去原野。不捻麻线绳，街市婆娑舞。

良辰来出发，因此聚前行。看你像锦葵，送我花椒枝。

东门之池

作者：佚名 【先秦】

东门之池，可以沤麻。彼美淑姬，可与晤歌。
东门之池，可以沤纻。彼美淑姬，可与晤语。
东门之池，可以沤菅。彼美淑姬，可与晤言。

【概要】 男子对东门外护城河中浸麻女子的爱慕，抒发了两人情投意合的喜悦。

【来源】 选自先秦《诗经》中《国风·陈风》中的一篇。

【注释】

池：护城河

沤（òu）：长时间地浸泡。纺麻之前先须用水将其泡软

淑：善，美

姬：古代对女子的美称

晤歌：相对而歌

纻（zhù）：苎麻。纻，通"苎"

菅（jiān）：多年生草本植物，多生于山坡草地，质地坚韧

【译文】

东门护城河，可以浸泡麻。那个美姑娘，可与她会歌。

东门护城河，可以浸泡纻。那个美姑娘，可与她倾谈。

东门护城河，可以浸泡菅。那个美姑娘，可与她诉衷。

东门之杨

作者：佚名 【先秦】

东门之杨，其叶牂牂。昏以为期，明星煌煌。
东门之杨，其叶肺肺，昏以为期，明星晢晢。

【概要】写男女约会而久候不至的诗。

【来源】选自先秦《诗经》中《国风·陈风》中的一篇。

【注释】

牂牂（zāng zāng）：茂盛貌，一说风吹树叶的响声

昏：黄昏，傍晚

期：约定的时间

明星：启明星，即金星

煌煌：明亮的样子

肺（pèi）肺：枝叶茂盛的样子。一说树叶的响声

晢（zhé）晢：明亮的样子

【译文】

东门杨树，叶儿茂密。约好在黄昏，却苦等到明星晃晃。

东门杨树，叶儿繁盛。约好在黄昏，却苦等到明星满天。

防有鹊巢

作者：佚名 【先秦】

防有鹊巢，邛有旨苕。谁侜予美，心焉忉忉。
中唐有甓，邛有旨鹝。谁侜予美，心焉惕惕。

【概要】 为心上人遭人欺骗而担忧。

【来源】 选自先秦《诗经》中《国风·陈风》中的一篇。

【注释】

防：堤坝，一说陈国城邑

邛（qióng）：山丘

旨：味美的，鲜嫩的

苕（tiáo）：一种蔓生植物，生长在低湿的地上

侜（zhōu）：欺诳

美：美人儿，心上人，指作者所爱的人

予美：为"我所爱慕的"的意思

忉忉（dāo dāo）：忧思貌

中唐：大门至厅堂的路。唐，朝堂前或宗庙门内的大路

甓（pì）：砖瓦。

鹝（yì）：杂色小草，又叫绶草，一般生长在阴湿处

惕惕：担心害怕的样子

【译文】

哪见堤上筑鹊巢，哪见山丘长水草？谁骗我所爱，心中思忧忧。

哪见庭院瓦铺道，哪见山丘长香草？谁骗我所爱，心中愁戚戚。

月出

作者：佚名 【先秦】

月出皎兮，佼人僚兮。舒窈纠兮，劳心悄兮。
月出皓兮，佼人懰兮。舒懮受兮，劳心慅兮。
月出照兮，佼人燎兮。舒夭绍兮，劳心惨兮。

【概要】 描写月光下的一个美丽女子。

【来源】 选自先秦《诗经》中《国风·陈风》中的一篇。

【注释】

皎：白而亮，皎洁

佼（jiǎo）人：美人

僚（liáo）：通"嫽"，美好，敏慧

舒：从容，伸展

窈纠：形容步履舒缓，体态优美

劳心：忧心

悄（qiǎo）：忧愁貌

懰（liǔ）：美好

懁受，忧受：形容步态优美

慅（cǎo）：忧虑，烦恼

燎（liǎo）：鲜明，一说同"憭"，明白。一说姣美

夭绍：轻盈多姿貌

惨（cǎn）：忧伤，悲痛。一说通"懆"，焦躁貌

【译文】

皎洁的月光里，是你娇美的模样，你娴雅婀娜的倩影，牵动着我的愁绪。

素净的月光里，是你妩媚的模样，你娴雅多姿的倩影，牵动着我的忧思。

明朗的月光里，是你亮丽的模样，你娴雅轻盈的倩影，牵动着我的焦盼。

泽陂

作者：佚名 【先秦】

彼泽之陂，有蒲与荷。有美一人，伤如之何！寤寐无为，涕泗滂沱。
彼泽之陂，有蒲与蕑。有美一人，硕大且卷。寤寐无为，中心悁悁。
彼泽之陂，有蒲菡萏。有美一人，硕大且俨。寤寐无为，辗转伏枕。

【概要】睹莲花，思情人。一位女子在水泽边思念其心上人的情歌。

【来源】选自先秦《诗经》中《国风·陈风》中的一篇。

【注释】

泽：湖泽，池沼

陂（bēi）：水边，岸边

蒲：香蒲，多年生草本植物，生水中，根茎可食

伤：因思念而忧伤

无为（wéi）：不知所为，无事可作

涕泗（sì）滂沱：涕泗，眼泪和鼻涕。滂沱，涕泪不止貌
蕳（jiān）：兰草
卷（quán）：通"婘"，美好貌
悁悁（yuān yuān）：忧愁苦闷貌
菡萏（hàn dàn）：古人称未开的荷花为菡萏，亦可泛指荷花
俨（yǎn）：恭敬庄重貌
辗转伏枕：指伏在枕头上翻来覆去睡不着

【译文】

在那湖泽的岸边，长着蒲草与荷花。那边有个俊人儿，令我思忧无奈何！
醒时梦里总是他，涕泪如雨滂沱落。
在那湖泽的岸边，长着蒲草与兰草。那边有个俊人儿，身材高大容貌好。
醒时梦里总是他，满心惆怅和苦闷。
在那湖泽的岸边，长着蒲草与长莲。那边有个俊人儿，身材高大风度好。
醒时梦里总是他，枕上翻覆难安眠。

菁菁者莪

作者：佚名 【先秦】

菁菁者莪，在彼中阿。既见君子，乐且有仪。
菁菁者莪，在彼中沚。既见君子，我心则喜。
菁菁者莪，在彼中陵。既见君子，锡我百朋。
泛泛杨舟，载沉载浮。既见君子，我心则休。

【概要】 女子对心仪的男人的爱慕心情。

【来源】 选自先秦《诗经》中《小雅·南有嘉鱼之什》中的一篇。

【注释】

菁（jīng）菁：草木茂盛

莪（é）：莪蒿，又名萝蒿、廪蒿，一种生长在水边的野菜

阿：山坳

中阿：阿中，即山坳中

仪：礼仪，一说仪容

沚（zhǐ）：水中小洲

锡（cì）：通"赐"，赠与，赐给

百朋：泛指极多的货币。朋，古代以贝壳为货币，五贝为一串，两串为一

朋。一说五贝为一朋

杨舟：杨木做成的小船

休：喜悦，欢乐

【译文】

郁郁葱葱是萝蒿，丛丛生长山坳里。已经见到那君子，开朗活泼好仪表。

郁郁葱葱是萝蒿，漫漫生长小洲中。已经见到那君子，我的心里喜滋滋。

郁郁葱葱是萝蒿，簇簇生长山丘上。已经见到那君子，赐我贝币千百朋。

杨木船儿在荡漾，上下随波任漂流。已经见到那君子，我的心里乐无忧。

谷风

作者：佚名 【先秦】

习习谷风，维风及雨，将恐将惧，维予与女。将安将乐，女转弃予。

习习谷风，维风及颓。将恐将惧，寘予于怀。将安将乐，弃予如遗。

习习谷风，维山崔嵬。无草不死，无木不萎。忘我大德，思我小怨。

【概要】谴责那只可共患难，不能同安乐的负心郎。

【来源】选自先秦《诗经》中《小雅·谷风之什》中的一篇。

【注释】

习习谷风：习习，和煦有节貌，一说大风声。谷风，东风

维：是

将：方，正当

与：助

女：同"汝"，你

转：反而

颓：自上而下的龙卷风、旋风

寘（zhì）：同"置"，放置

怀：怀抱之中

遗：遗弃，丢弃，一说遗忘

崔嵬（wéi）：形容山势高峻巍峨，一说山顶

【译文】

谷口起大风，大风夹带雨。当年惊怕时，我与你分忧。如今安乐时，你却弃我去。

谷口刮大风，旋风不停息。当年惊怕时，你搂我在怀。如今安乐时，将我忘脑后。

谷口风不停，刮过高山岭。刮得百草枯，刮得树木凋。忘我大恩德，记我小嫌怨。

隰桑

作者：佚名 【先秦】

隰桑有阿，其叶有难。既见君子，其乐如何。
隰桑有阿，其叶有沃。既见君子，云何不乐。
隰桑有阿，其叶有幽。既见君子，德音孔胶。
心乎爱矣，遐不谓矣？中心藏之，何日忘之！

【概要】触景生情，想到她心爱的人。但又无可奈何地把"爱"深深藏在心底。

【来源】选自先秦《诗经》中《小雅·鱼藻之什》中的一篇。

【注释】

有阿（ē）：犹"阿阿"，柔美的样子。有，形容词词头。阿，通"婀"

有难（nuó）：犹"难难"，茂盛的样子。难，通"娜"

沃：润泽，一说柔美

幽（yōu）：通"黝"，青黑色

德音：善言，此指情话

孔胶：很缠绵。胶：牢固，坚固

遐：何

谓：告诉

藏：蕴藏，怀有

【译文】

洼地桑树很柔美，叶儿长得很茂盛。已经见到那君子，快乐滋味无法说。

洼地桑树很柔美，叶儿显得很润泽。已经见到那君子，如何叫我不快乐。

洼地桑树很柔美，叶儿颜色泛青绿。已经见到那君子，情话绵绵说不够。

心里对他有爱意，为何不去说出来？心中把他深藏起，要到哪天才忘记！

www.ingramcontent.com/pod-product-compliance
Lightning Source LLC
Chambersburg PA
CBHW030821200726
48288CB00004B/1331